Una ciudad que se hunde

Ben Nussbaum

© 2020 Smithsonian Institution. El nombre "Smithsonian" y el logo del Smithsonian son marcas registradas de Smithsonian Institution.

Autora contribuyente

Jennifer Lawson

Asesoras

Sharon Park, FAIA
Directora adjunta de preservación arquitectónica e histórica
Smithsonian Institution

Sharon Banks
Maestra de tercer grado
Escuelas Públicas de Duncan

Créditos de publicación

Rachelle Cracchiolo, M.S.Ed., *Editora comercial*
Conni Medina, M.A.Ed., *Redactora jefa*
Diana Kenney, M.A.Ed., NBCT, *Directora de contenido*
Véronique Bos, *Directora creativa*
Robin Erickson, *Directora de arte*
Michelle Jovin, M.A., *Editora asociada*
Caroline Gasca, M.S.Ed., *Editora superior*
Mindy Duits, *Diseñadora gráfica superior*
Walter Mladina, *Investigador de fotografía*
Smithsonian Science Education Center

Créditos de imágenes: portada, pág.1 Horst Gerlach/iStock; págs.6–7 NASA; pág.8 (inferior) Ken Welsh/Bridgeman Images; págs.8–9 National Gallery of Art; pág.11 (superior) Giacomelli Photographic Archive, Venice; págs.16–17 Vincenzo Pinto/AFP/Getty Images; pág.17 (superior) Paul Wootton/Science Source; pág.18 Sarah Hadley/Alamy; pág.24 Jim West/Alamy; pág.25 Air National Guard, fotografía de Master Sgt. Toby M. Valadie; pág.26 Merlin74/Shutterstock; pág.27 (superior) Arka Dutta/Pacific Press/LightRocket a través de Getty Images; pág.27 (inferior) xuanhuongho/iStock; todas las demás imágenes cortesía de iStock y/o Shutterstock.

Library of Congress Cataloging-in-Publication Data

Names: Nussbaum, Ben, 1975- author. | Smithsonian Institution.
Title: Una ciudad que se hunde / Ben Nussbaum.
Other titles: Protecting a sinking city. Spanish
Description: Huntington Beach, CA : Teacher Created Materials, [2020] | Includes index. | Audience: Grades K-3
Identifiers: LCCN 2019047646 (print) | LCCN 2019047647 (ebook) | ISBN 9780743926508 (paperback) | ISBN 9780743926652 (ebook)
Subjects: LCSH: Venice (Italy)--Threat of destruction--Juvenile literature. | Floods--Italy--Venice--Juvenile literature. | Environmental protection--Italy--Venice--Juvenile literature.
Classification: LCC DG672.5 .N8718 2020 (print) | LCC DG672.5 (ebook) | DDC 363.34/9360945311--dc23

Smithsonian

© 2020 Smithsonian Institution. El nombre "Smithsonian" y el logo del Smithsonian son marcas registradas de Smithsonian Institution.

Teacher Created Materials

5301 Oceanus Drive
Huntington Beach, CA 92649-1030
www.tcmpub.com
ISBN 978-0-7439-2650-8

© 2020 Teacher Created Materials, Inc.
Printed in Malaysia
Thumbprints.25941

Contenido

La ciudad del agua 4

Escape a la laguna 6

Construir Venecia 10

Salvar la ciudad...................................16

Otra Venecia....................................... 22

Un mundo acuático 26

Desafío de CTIAM 28

Glosario 30

Índice...31

Consejos profesionales..................... 32

La ciudad del agua

Imagina una ciudad de islas. Los amigos se saludan de una orilla a otra. No hay carros ni calles. La gente camina o viaja en bote. Las casas no tienen jardín. La puerta de entrada de las casas da a un **canal**.

Esa ciudad es Venecia, en Italia. Puede sonar a invento, pero es una ciudad real. Alguna vez, Venecia fue una de las ciudades más poderosas del mundo. Hoy lucha por sobrevivir.

Venecia, Italia, vista desde arriba

El símbolo de Venecia es un león con alas. Se llama León de San Marcos.

Escape a la laguna

Venecia está en una **laguna costera**. Una laguna costera es una masa de agua poco profunda que está separada de una masa de agua más grande. En Venecia, una franja angosta de tierra forma una barrera natural. Esta barrera crea la laguna costera y evita que entre el agua de mar.

Por mucho tiempo, vivieron pocas personas en Venecia. La vida era difícil. El agua de la laguna es salada y, por eso, era difícil hallar agua para beber. En verano, el aire se llenaba de insectos.

Luego, unos ejércitos invadieron una zona cerca de Venecia. Muchas personas huyeron de esa área. Algunas fueron a la laguna. La laguna se convirtió en un lugar seguro.

Esta fotografía de Venecia se tomó desde el espacio.

mar Adriático

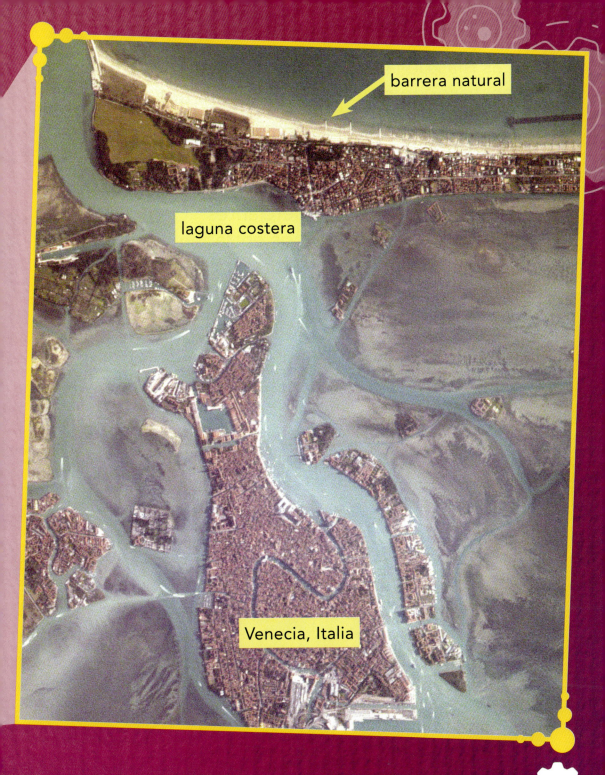

Las islas de la laguna eran húmedas y pantanosas. Construir con piedras pesadas era una mala idea. El peso de las piedras habría hecho que los edificios se hundieran en el suelo húmedo.

Con los años, la gente aprendió a vivir en Venecia. Muchos se hicieron comerciantes. Compraban y vendían cosas. Los barcos entraban y salían de la ciudad. Los **cargamentos** que llevaban esos barcos hicieron ricos a los habitantes de Venecia.

La ciudad creció rápido. Pero seguía siendo una ciudad construida sobre el agua. En Venecia, las personas siempre han tenido que luchar contra el mar.

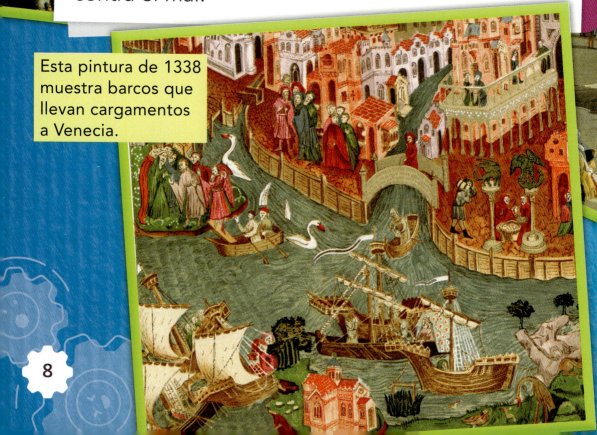

Esta pintura de 1338 muestra barcos que llevan cargamentos a Venecia.

Esta pintura de la década de 1740 muestra comerciantes venecianos en la plaza San Marcos.

Venecia alguna vez fue un país. La zona ha estado habitada desde alrededor del año 568 d. C.

Construir Venecia

En todo el mundo, se construyen edificios cerca del agua o incluso sobre ella. Las casas sobre pilotes son una forma de construir sobre el agua. Las personas entierran postes de madera muy profundo en la tierra mojada y luego construyen encima de los pilotes.

Venecia es una ciudad repleta de casas sobre pilotes. Los pilotes no se ven, pero sostienen la ciudad. Algunos de los postes sobre los que se apoya Venecia son muy largos. Atraviesan el agua y el lodo y se clavan en la arcilla dura. Ayudan a mantener los edificios estables.

casas sobre pilotes en Chile

Esta pintura de 1780 muestra dos constructores venecianos enterrando postes en la arcilla.

Ciencias

Ay, no, ¡oxígeno!

La madera puede pudrirse cuando entra en contacto con el **oxígeno**, que está en el aire y en el agua. Pero, con los años, el limo y la tierra se han filtrado en los postes de Venecia. Eso los ha vuelto duros como la piedra. Además, los postes están colocados muy juntos en la arcilla. Esas dos cosas evitan que la madera se pudra.

Hay muchos postes debajo de Venecia que sostienen la ciudad. Sobre los postes se colocaba una capa de madera. Arriba de la madera se ponían capas de piedra. Las casas se construían arriba de todo eso. En Venecia, los ladrillos son delgados o huecos. Eso hace que las casas sean livianas.

Las personas usan **mortero** para fijar los ladrillos. En Venecia, el mortero es un poco flexible. Este es un detalle clave. La tierra mojada cambia de forma con el tiempo. Las casas en Venecia tienen que moverse un poco porque los postes se mueven en la tierra mojada. El mortero flexible permite que los edificios se muevan sin caerse.

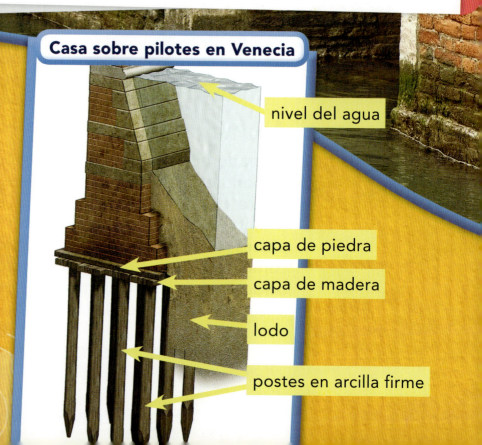

Casa sobre pilotes en Venecia

- nivel del agua
- capa de piedra
- capa de madera
- lodo
- postes en arcilla firme

Hoy en día, Venecia está repleta de edificios antiguos. Algunos han estado sobre el agua durante más de quinientos años. Llegan personas de todas partes del mundo para admirar esta ciudad construida en el agua.

Pero algunos edificios no son seguros. Venecia se ha estado hundiendo desde hace muchos años. El suelo húmedo y blando bajo Venecia se está moviendo. El mar está subiendo. Eso puede producir inundaciones. En muchas casas, la planta baja se deja vacía para proteger a las personas de las inundaciones.

Venecia está en problemas. Las personas están trabajando para salvarla antes de que sea demasiado tarde.

Esta foto muestra la plaza San Marcos inundada en 2015.

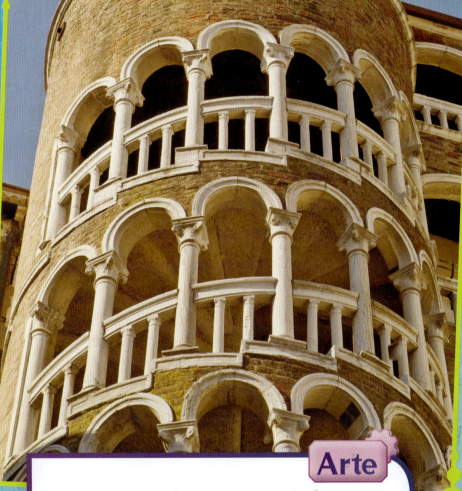

Esta famosa escalera de Venecia se construyó con ladrillos rojos y piedra blanca de Istria.

Arte

Una piedra especial

La piedra de Istria se usa en muchos lugares de Venecia. Esta piedra blanca es resistente al agua. También le agrega belleza a la ciudad. La piedra se parece al costoso mármol. Además, se destaca contra los ladrillos rojos.

Salvar la ciudad

Una persona sola no puede salvar a Venecia. Las personas tienen que trabajar juntas. En un proyecto, el Gobierno de Italia se asoció con constructores e **ingenieros**. Analizaron las **ensenadas** de la ciudad. Los barcos y los peces entran y salen de la laguna por estas ensenadas. Pero las ensenadas también son un problema.

El sistema de ensenadas usa seis compuertas para frenar las inundaciones grandes. Pero algunas compuertas se están **oxidando** con el aire de mar. Otras no suben cuando deberían. Las personas están trabajando para solucionarlo. Pero cuesta mucho dinero. Algunos quieren abandonar el plan de las compuertas.

Esta compuerta sube para frenar las inundaciones.

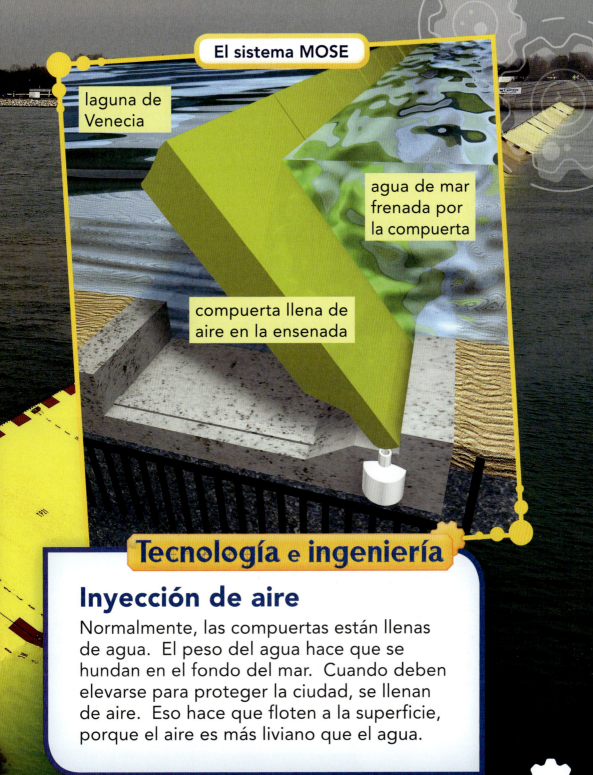

El sistema MOSE

- laguna de Venecia
- agua de mar frenada por la compuerta
- compuerta llena de aire en la ensenada

Tecnología e ingeniería

Inyección de aire

Normalmente, las compuertas están llenas de agua. El peso del agua hace que se hundan en el fondo del mar. Cuando deben elevarse para proteger la ciudad, se llenan de aire. Eso hace que floten a la superficie, porque el aire es más liviano que el agua.

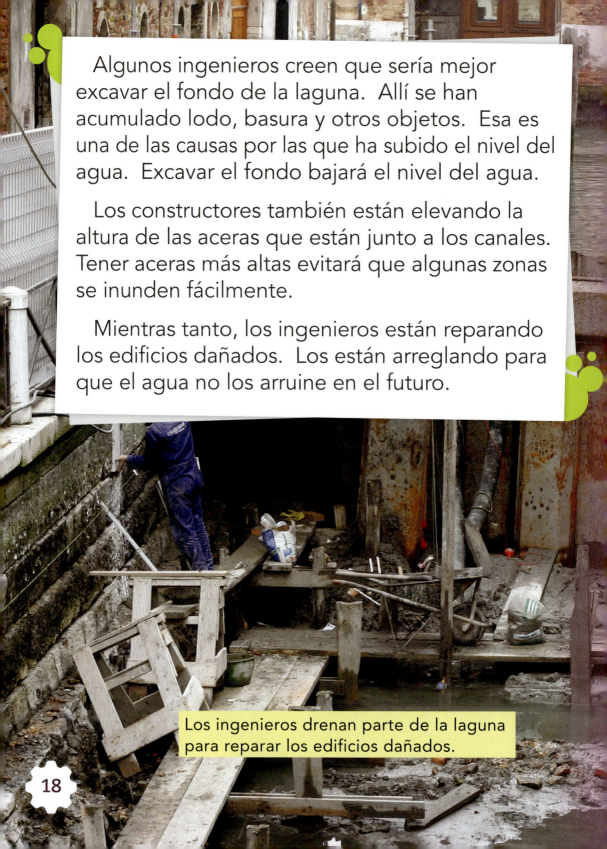

Algunos ingenieros creen que sería mejor excavar el fondo de la laguna. Allí se han acumulado lodo, basura y otros objetos. Esa es una de las causas por las que ha subido el nivel del agua. Excavar el fondo bajará el nivel del agua.

Los constructores también están elevando la altura de las aceras que están junto a los canales. Tener aceras más altas evitará que algunas zonas se inunden fácilmente.

Mientras tanto, los ingenieros están reparando los edificios dañados. Los están arreglando para que el agua no los arruine en el futuro.

Los ingenieros drenan parte de la laguna para reparar los edificios dañados.

A medida que cavan, los constructores tienen que reconstruir muchas de las paredes.

Matemáticas

Bajar y subir

Los ingenieros y los constructores planean salvar los edificios bajando el nivel del agua de la laguna y subiendo las aceras. El plan es excavar unos 180 centímetros (6 pies) del suelo de la laguna. El paso siguiente es subir la altura de las aceras unos 120 cm (4 ft). Estas obras agregarían unos 300 cm (10 ft) de distancia entre el agua y las aceras.

Los ingenieros también han descubierto que las personas solían sacar agua de los **acuíferos** de Venecia. Usaban el agua para hacer funcionar sus máquinas. Eso ayudó a Venecia a crecer.

Pero al sacar agua quedaron espacios vacíos. Antes, el agua actuaba como un colchón entre los trozos de **sedimento**. Después, los trozos de sedimento se juntaron. Como resultado, el suelo se hundió.

Los ingenieros quieren devolver el agua a la arena que está bajo la ciudad. Esperan que así el suelo se hinche. Creen que eso elevará la ciudad.

Venecia se está utilizando como lugar de prueba. Lo que funcione allí podría funcionar en otros lugares.

Ingenieros de California usaron agua para hinchar el suelo y elevar una ciudad en la década de 1960.

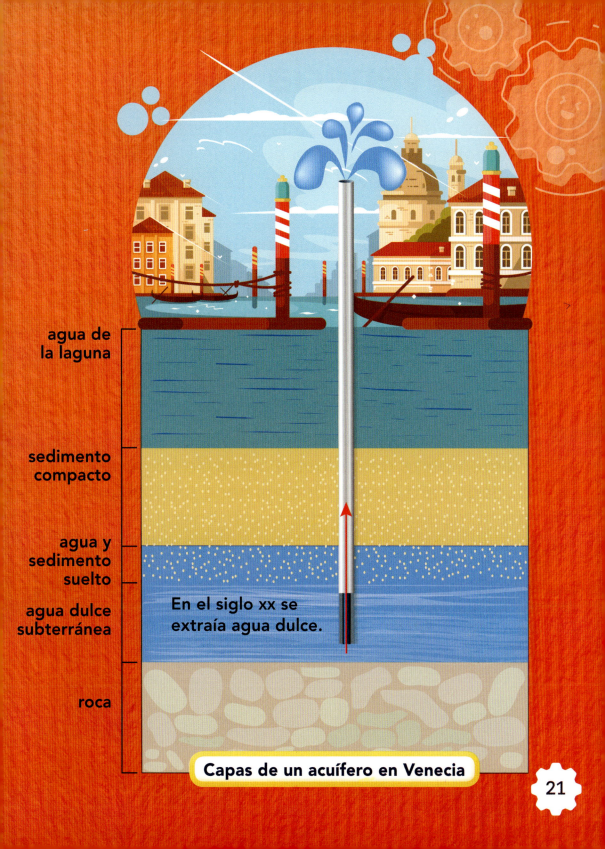

Otra Venecia

Como Venecia, hay otras ciudades del mundo que deben luchar contra el agua. Una de esas ciudades es Nueva Orleans. Es famosa por su música y su comida.

Esta ciudad estadounidense está rodeada de agua. Cerca de ella hay ríos, lagos y el mar. También hay pantanos y marismas. Estas áreas se conocen como humedales. Tienen mucha vida silvestre. Son lugares especiales.

Los humedales protegen la ciudad. Hay tormentas fuertes que llegan desde el mar. Las tormentas pasan primero por los humedales. Pierden parte de su fuerza antes de llegar a la ciudad. Pero Nueva Orleans tiene un problema: sus humedales están desapareciendo.

Jackson Square, en Nueva Orleans, frente al río Misisipi

Nueva Orleans, en Luisiana, está rodeada de ríos y lagos.

La espátula rosada depende de los humedales.

23

Las personas han dañado los humedales de Nueva Orleans. Unas personas los destruyeron para que los barcos pudieran pasar. Otras querían que fuera más fácil vivir en la ciudad.

No sabían cuánto daño estaban haciendo. Hoy en día, se está intentando salvar los humedales. Los ingenieros están trabajando mucho para reconstruir esas áreas. Están tratando de que vuelvan a ser lo que eran. Es un proceso muy difícil. Además, cuesta mucho dinero. Pero salvar los humedales es importante.

Una voluntaria replanta cipreses en los humedales.

Un helicóptero crea una barrera natural con árboles en Nueva Orleans.

Unos voluntarios reconstruyen la costa de Nueva Orleans.

Un mundo acuático

Muchas personas viven cerca del agua. Si el mar sigue subiendo, estarán en problemas. Sus casas podrían quedar destruidas. Las tiendas y las escuelas podrían inundarse. Se necesitará que muchas personas trabajen juntas para salvarlas.

Las personas están trabajando mucho para ayudar a ciudades como Venecia. Saben que, si Venecia sobrevive, otros lugares pueden sobrevivir también. Por eso es importante salvar a esta ciudad que se hunde.

Esta escultura en Venecia pide a las personas que salven la laguna para que no la dañe el aumento del nivel del mar.

En Vietnam, unas personas viajan en motocicleta por las calles inundadas.

En la India, una mujer está parada cerca de su casa, que se hunde.

DESAFÍO DE CTIAM

Define el problema

Muchas casas construidas sobre pilotes tienen problemas en Venecia. Te han pedido que diseñes y construyas el modelo de un nuevo tipo de casa. Tu casa debe quedar construida por encima del agua. Debe proteger a las personas de una inundación.

 Limitaciones: Tu casa debe medir al menos 25 centímetros (10 pulgadas) de alto.

 Criterios: Tu casa debe mantenerse en pie sin ayuda. Tu casa no debe mojarse al colocarla en 8 cm (3 in) de agua.

1. Investiga y piensa ideas

¿Cómo se sostienen sobre el agua las casas de Venecia? ¿Qué están haciendo los ingenieros para tratar de salvar a Venecia? ¿Qué hace que las casas de Venecia sean tan resistentes?

2. Diseña y construye

Bosqueja el diseño de tu casa. ¿Qué propósito cumple cada parte? ¿Cuáles son los materiales que mejor funcionarán? Construye el modelo.

3. Prueba y mejora

Mide tu casa. ¿Tiene al menos 25 cm (10 in) de alto? Coloca tu modelo en 8 cm (3 in) de agua. ¿Tu casa se sostiene por encima del agua? ¿Es resistente? ¿Cómo puedes mejorarla? Mejora tu diseño y vuelve a intentarlo.

4. Reflexiona y comparte

¿Qué otros materiales podrías usar? ¿Cómo cambiaría tu diseño si el agua se moviera? ¿Cómo podrías agregar a tu casa una tecnología que avise a los dueños si hay una inundación?

Glosario

acuíferos: capas de arena o roca que pueden tomar y guardar agua

canal: un lugar largo y angosto que está lleno de agua

cargamentos: cosas que se llevan de un lugar a otro

ensenadas: franjas angostas de agua que entran en la tierra

ingenieros: personas que usan la ciencia para diseñar soluciones a los problemas o las necesidades

laguna costera: agua poco profunda, separada de una masa de agua más grande

mortero: algo que se pone entre los ladrillos o las piedras para unirlos

oxidando: formando una sustancia rojiza sobre el metal que está en contacto con la humedad o el aire

oxígeno: una parte del aire que no tiene color, sabor ni olor

sedimento: pequeños pedacitos de roca, como la arena, la grava y el polvo

Índice

cargamentos, 8

casas sobre pilotes, 10, 12

Chile, 10

ensenadas, 16–17

humedales, 22–24

India, 27

Italia, 4–5, 7, 16

León de San Marcos, 5

mortero, 12–13

Nueva Orleans, 22–25

oxígeno, 11

piedra de Istria, 15

plaza San Marcos, 9, 14

Vietnam, 27

Consejos profesionales
del Smithsonian

¿Quieres proteger a las ciudades que se hunden? Estos son algunos consejos para empezar.

"Estudia arquitectura. Aprende a construir edificios resistentes al agua. Luego, cuida ciudades y edificios".
—*Sharon Park, directora asociada*

"Si te gusta trabajar con otras personas para resolver problemas grandes, estudia arquitectura. Así podrás ayudar a salvar lugares históricos y bellos".
—*Michael Lawrence, director asistente de exhibiciones*